사랑

해삼	츠레	해	달	별	낭만고라니
우주고래	미래	한진성	박현희	곽윤지
랑浪	서연	영속	배지예	윤예빈
정지윤	이현경	김동민	W	이도현
이브	주오월	신해민	나리빛	권혜연
하현태	주저녁	박지영	이민주	최시원
그믐	상인	최료	김소여름	성유진
김태우	유선아	조성권	박형민	강희현
해윤	진이수	호해현	지안	손화정
신제하	문진식	한호흡	영안	이의끼
장윤정	이상명	오은결	윤예빈	김가은
느린테	연한모	정민희	연이스치다	진지혜
비단	주제균	박다은	손춘화	김안나
오아녜스	호호	풀꽃	청해	솔바위	김순임 -

모두 다 사랑!

2022년 12월

모두 다 사랑!

발자국 시   해삼, 츠레

사랑이란 무엇일까요?

    경계선 지능 장애 아동, 8세   15

    자폐 3급 아동, 10세   16

    언어 장애 3급 아동, 11세   17

사랑이란 무엇일까? 낭만고라니, 11세   18

사랑 우주고래, 11세   19

고마운 사람들 미래, 14세   20

12월 한진성   21

별하 박현희   22

나의 의미 곽윤지   24

푸른 바다 랑浪   26

로맨틱 싱크 서연   27

만개 영속   28

바다에 갔는데 네가 있었어 배지예   30

파편 윤예빈	32
사랑을 묻다 정지윤	34
과학시간에 사랑하기 이현경	36
두 잎 클로버 김동민	38
너, 랑浪 W	40
Sea, Bindweed 이도현	42
사랑 다시 일 이브	43
필연적 불행 주오월	44
Merry-go-round 신해민	45
그대 이름은 사랑 나리빛	46
끝 권혜연	48
사랑코자 한다 하현태	49
구름 섞인 파도, 타버린 죄 주저녁	50
곧 나를 떠날 그대 옆에 누워 일기를 쓴다 박지영	52
81kg짜리 가방 이민주	54

걸어가야겠다 최시원	56
Stone-in-Love 그믐	57
살 안 상인	58
사막 최료	60
사탕과 눈과 피 김소여름	62
사랑 성유진	64
fjord 김태우	65
사랑의 집단지성 유선아	66
사랑 조성권	68
무어라 말할까 박형민	69
볼륨을 높여줘! 강희현	70
무궁화 꽃이 피었습니다 해윤	72
만조 진이수	74
나그네 호해	75
겨울 숲 현	76

마침내 눈이 부시다 지안	79
드라이플라워 손화정	80
멸종위기종 신제하	82
손에 닿은 은하수가 지금 우리의 눈동자라면 문진식	84
아직도 한호흡	87
Best Served Cold 영안	88
설렘 그리고 사랑 이의끼	89
아침에 선잠 장윤정	90
터무니 없는 스텝 이상명	91
시차 오은결	92
푸른별 표류기 윤예빈	94
완전무결하지 않은 우리는 몰래 서로의 호흡법을 배운다 김가은	95
최선의 계절 느린테	96
직감 연한모	98

영사의 필름, 버드 정민희	100
아직까지는 연이스치다	102
선 진지혜	104
아낙네 비단	106
수공예 주제균	108
세기말 로망스 박다은	110
愛 손춘화, 59세	112
30分의 사랑 김안나, 61세	114
엄마 오 아녜스, 61세	116
슬픈 사랑이여 호호, 71세	118
사랑 풀꽃, 71세	119
사랑의 넋두리 청해, 81세	120
풀 솔바위, 82세	121
사랑 김순임, 94세	122

123

○ 작가명은 작품 첫 장의 쪽 번호 옆에 표기하였습니다.
○ 특별 기획 작품에는 나이를 표기합니다.

모두 다 사랑!

사랑이란 무엇일까요?
  부끄러워요.
사랑이 왜 부끄러워요?
  좋아하니까.
사랑하는 사람이랑 무엇을 하고 싶은가요?
  사귀는 거.
사랑하는 사람이랑 싸우면 어때요?
  기분이 안 좋아요.
사랑하는 사람이랑 싸우면 어떻게 하나요?
  화해해요.
사랑하는 사람이 있나요?
  없어요.
그러면 저것들을 어떻게 알아요?
  학교에서 배웠어요.
언제 상대방이 나를 사랑한다고 느끼나요?
  도와줄 때.
  화장실 갈 때 무서워서 다른 친구가 같이 가줬어요.

사랑이란 무엇일까요?
  좋은 것.
'사랑해'라고 말해본 적이 있나요?
  있어요.
누구한테 사랑해라고 했나요?
  엄마한테.
그러니까 엄마가 뭐라고 했나요?
  기분 좋다.
그때의 기분은 어땠나요?
  좋았어요.
사랑하는 사람이랑 뭘 하고 싶어요?
  사이좋게 지내고 싶어요.
사랑하는 사람이랑 싸우면 어떡해요?
  사과해요.
사랑하는 엄마에게 하고 싶은 말이 있나요?
  엄마랑 이야기하면 기분 좋아요.

사랑은 무엇인가요?
　모든 게 좋을 때.
사랑을 하면 기분이 어떤가요?
　좋아요.
사랑하는 사람과 무엇을 하고 싶은가요?
　사이좋게 지낼 거예요.
사랑하는 사람이랑 싸우면 어떻게 해요?
　사과해요.
나의 잘못이 아닌데도요?
　네.
어떨 때 사랑을 느끼나요?
　뽀뽀할 때.
왜 뽀뽀할 때 사랑을 느낀다고 생각해요?
　제가 경험해본 게 있어서요.
누구랑 뽀뽀했나요?
　인형들이랑, 꿈에서요.
　제 고래 인형은 자고 있어요.

사랑이란 무엇일까?

사랑이란 무엇일까?
목도리처럼 따뜻하다

사랑을 받으면 어떤 기분일까?
행복하고 기분이 좋아진다

언제 사랑을 느낄까?
네가 다치지 않았을 때
남을 좋아하는 마음이 느껴질 때

왜 이러케 사랑을 많이 느낄까?
사랑하는 사람이 많기 때문일까?
사랑이란 감정을 많이 느껴서?

도대체 사랑이라는 것은 무엇일까?

사랑

사랑은 길이다
사랑은 어디나 갈 수 있고 언제나 다시 돌아온다

사랑은 초콜릿이다
사랑은 달콤하고 사르르 녹는다

사랑은 따뜻하고 기쁘고 고맙다
엄마와 언니의 손을 잡고 나들이를 갔을 때
기분이 좋았다

엄마와 화해를 했을 때 사랑한다고 했다

엄마한테 사랑한다고 듣고싶다

고마운 사람들

좋아하는 사람이 있을 때 (기뻐)
귀여운 영상을 봤을 때 (귀여워)
걱정해줄 때 (고마워)
엄마가 나를 사랑할 때 (감사합니다)
신날 때 (기분 좋다)
엄마말 잘들을 때 (신나)
아빠 손을 잡았을 때 (따뜻하다)

친구에게 사랑해라고 말했다
친구 손을 잡았는데 따뜻했다

고마워, 사랑해

12월

사랑은,
저마다의 방식으로 남기 마련이에요

그래서 나는
마음속 바다에 그댈 담아두곤 합니다

나지막이 들리는 파도 소리

하루에도 수십, 수백 번씩 몰아치는 파도에는
그댈 형용하는 수많은 단어들이 있어요

오늘 부딪히는 파도에는, 그대
그리고 12월

내일이면 지워질 모래지만, 우에 새겨봅니다

별하

무심히 지나가버린
소리의 깊이가 서늘한 냉기속에 떠오른다
나의 마음을 아는 듯한 울림이
그냥 스치는 옷깃 따라
조그마한 조각이라도 남겨지길
마음의 모습이 전해지길

차가운 공기 속에 유리막을 치고
너와 나 둘이
따뜻한 온기를 나누어 가지며
이젠 나에게로 와, 차가움을 따스함으로 바꾸어주길
힐끗 보이는 그대의 눈동자가 내게 선명해질 때

잠깐의 아름다움이 얼마인지
헤아릴 순 없지만
우리의 짐깐이 평생 나눌 영원을 선물해주길

고요함의 길이가 나를 설명해주고
빛의 방향이 그대를 알려주네

하늘의 구름이 이리저리 퍼지고

우리의 울림이 닿을 때

지나가는 소리가 다가올 때

우리가 우리가 되기까지

우리를 위해 노력한 너와 나를 추억하며

나의 의미

폭설이 내리는 오늘을 닮은 편지를 썼다
네가 있는 곳에는 오늘이 닿지 않다기에
아픔 없는 것들이 쌓여가는 오늘을 종이에 스민다

지구에서 가장 예쁜 단어를 한아름 품어서
어설피 흩날려진 문장으로 추운 계절만이 아닌
애정이 담긴 분위기를 담는다

편지인지 시인지 구분하지 못할 글을 쓰는 지금을,
아물고 있는 마음을 동여맨 십이월의 겨울을

훗날 네 쓸모를 알지 못해 표류하는
나를 닮은 너를 만난다면 어여쁜 말을 전해야지
독촉 없이 내리는 눈처럼 수신자를 찾아
천천히 방황하는 이 편지를 전해줘야지
입가에 서성이는 말들을 읊어야지

나의 쓸모가 사랑이었으니,
너의 오랜 항해의 대답을
네가 알게 되는 날에 미소를 지었으면

그런 날을 마주치면 긴 추신의 마침표를 찍어야지

너의 사랑이 너에게 충분히 향하길 바라며
이젠 백야가 끝나도 어두운 밤하늘에
웃는 날이 더 많도록 아득히 기도해야겠다

푸른 바다

푸른 바다를 보며 사랑을 뱉어요.
있잖아, 바닷물 속에서 사랑을 내뱉어봤니.
물방울 속에 담긴 내가 뱉은 사랑이,
그 사랑이 나의 얼굴을 간지럽히며 올라와.
그 어떠한 사랑보다 잔잔하게,
나의 마음과 얼굴을 간지럽혀.

ps. 있잖아요, 바다에서 죽으면 인어가 된대요. 나는 매일 밤마다 바다를 보며 사랑을 내뱉었거든요. 그럼 나의 사랑이 인어가 되어서 그 사람에게 도착했을까요.
오뉴월 낭만을 앗아간 그 아이에게

로맨틱 싱크

묘를 파헤치던 물기 어린 목소리
로즈 당신은 나의 최후이자 비겁하디 황홀한 불운이야
갑판의 맹세는 가난한 프로포즈

열망턴 낭만을 누릴 나 그것은 기필코 어느 점에 있기에
괜찮아 대신 약속해 당신 나만을 사랑하겠노라고
구명조끼 대신 양회색 드레스와 면사포를

우리 이 세상을 태울 것 같은 사랑을 할지어니
이제 그 잔해를 끌어안고 바다가 되어
성가대의 첼로 대신 죽음을 앞둔 무도를

산소가 없어 무엇도 품지 못하는 해원
도피할 수밖에 없는 유해의 망망대해
영겹게 죽어갈 나에게 종소리 아래 키스를

만개

　손바닥을 이으면 엇갈린 길이 나타난다

　닮지도 않은 손금을 가지고 우리는 비슷한 점이 많은 것 같아
　킥킥 웃는 순진무구함

　마치 데칼코마니처럼
　손뼉을 치면 똑같은 빛깔의 형태가 나타날 수 있다는 게
　우리는 이걸 사랑이라고 부르기 시작하고

　끝나지 않는 길에서도 마음은 있고
　주체가 되어 사랑을 굴리는 미로에서 풀숲을 만난다

　게으르게 늘어진 사랑이 몸을 일으켜 손금을 걷기 시작하면
　간지러운 느낌이 누군가와 입술을 맞댔을 때를 떠오르게 만들어

　나비 한 마리가 가슴에 앉아 푸드덕대는 느낌
　뱃속에서 민들레가 피어나는 것 같아

녹음이 우거진 길 아래
대비되는 붉은 복숭아의 과즙을 뚝뚝 흘리며
한 입 베어 물은 과일의 모습에서 하트를 찾아내는

손금을 가만히 쳐다보면 미로가 되고
흐릿해진 시야가 풀숲이 되는
알 수 없는 미지의 사랑이
뱃속에서 만개하기 시작해요

바다에 갔는데 네가 있었어

너는 가지고 싶다고 했던 아이폰을 샀다. 화질이 생각보다 좋지 않다고 말했다. 너는 내게 불을 찍어서 보여주었다. 붉은색을 처음 보는 사람이 된 것 같았다.

그날의 여름은 시큼하고 물렁물렁했다.
하늘을 찍는 너의 얼굴이 하늘빛으로 물들었다. 나는 너의 얼굴색을 받아 적고 싶어서 너의 얼굴이 물들었던 자리에 주저앉아 있었는데. 네가 밟고 지나간 조약돌처럼.

네가 없는 바다를 떠올릴 때면 가슴뼈가 물렁해지는 것 같다고.

나와 너는 바다에서 돌아왔다. 돌아오는 길은 어두웠다. 빛이 가끔 너의 얼굴에 그믐달을 만들었다. 네가 고개를 저을 때마다 나는 그믐달과 초승달을 구분하는 법에 대해 생각했다. 오른손으로 그리기 편한 쪽이 초승달.

너의 오른쪽을 떠올린다. 높은음 건반을 두드리는. 파도에 맞춰 움직이는. 달이 떠올랐다 사라지는. 조심스럽게 숨기는. 손을 뻗어 사과하는.

나는 바다에 갔다. 여름은 모래가 패인 자리에 시큼하게 고여 있었다. 배터리가 빠르게 닳는 아이폰으로 바다를 찍었다. 푸른 바다가 아름답기라도 한 것처럼. 누군가 거기에 잠겨 있기라도 한 것처럼.

바다에 갔다. 이름 모를 개가 모래사장에서 뛰놀고 있었다. 개를 따라 모래를 밟자 흰 신발 안으로 모래가 쏟아져 들어왔다. 흔들리는 파도 속에 두 발을 밀어 넣었다. 수위가 높아질수록 신발은 자꾸만 달아나려 하고. 살짝 벌린 입술 사이로 바다가 쏟아지는 상상. 발목이 먹먹해지는 동안.

사실 나는 숨을 참는 버릇이 있어,

내가 진짜 좋아하는 사람이 있는데 그 사람을 보고서는 하류가 된 거 같아서.

파편

네가 나의 작은 파편이라고 불렀을 적도 있었지

우린 나눈 사랑이 너무 많아
공유한 파편들이 무수히 쌓였지만
돌아서선 뾰족하게 쿡쿡 찌르기도 했어
그럼 넌 네 볼처럼 반들반들해질 때까지 뾰족한 부분을 문질러댔잖아 아프지 않도록 내가

취향이 전염된다는 건 참 좋은 일이야
네게서 내 모습을 엿볼 수 있어서
내 파편이 네게 남아서

종이비행기 날리듯 쉬이 적어 보낸 편지들은
아주아주 무겁고 거대한 감정을 싣고 왔지
그렇게 쌓인 문장들은 네 일대기처럼 남아
바뀐 글씨체 하나하나 다 사랑할 수 있게

너는 짐짓 미래를 무서워하지 말랬지
그러면서 내 눈망울을 닦아줬지

어떻게 나를 너보다 사랑했니
나는 네가 아닌데 어떻게 나를 더 사랑하니
메아리처럼 돌아오는 대답

나는 굴레에 갇혀서 헤어 나오지 못할 거야
네가 작은 파편으로 남아 존재하는 동안
내가 네게 느끼는 사랑스러운 감정에 계속 이름을 붙이려고 하겠지
분명 정답은 없을 것

사랑이란 단어를 쓰지 않고 사랑을 말할 수 있을까?

우리 사랑엔 이름을 붙이지 말자
흐릿하고 쪼개진 파편처럼
무수히 많은 스러짐과 잔해같이
언제 범람할지 모르게
적어도 우리 사랑은 그렇게 하자

사랑을 묻다

 내게 대체로 사랑이란 탐구의 대상이었습니다. 그러고 보니 아주 예전에 그런 이야기를 들은 적이 있죠. 사랑, 은 삶과 사람에 뿌리를 두고 있다고. 어디 한 번 입을 달싹이며 발음을 천천히 곱씹어 봅시다. 사, 에다가 부드럽게 혀를 굴리며 호선을 그려내는 ㄹ과 아무것도 모른다는 듯 이 기나긴 순간의 종착점을 굳게 찍는 ㅁ을요. 그 옛날 고대 사원의 인간들은 아무래도 ㅁ이 주는 완결성에 진절머리가 났었나 봅니다. 삶, 사람, 사람과 삶, 삶. 그리고 사람. 마치 온점을 찍어주세요, 하며 제 뒤꽁무니를 가리키는 그 모난 것, 네 귀퉁이에 손 하나 까닥 잘못 대었다가는 피를 흘릴지 모를 활자를 내쫓아버리고 싶었던 모양이죠. 끝닿을 리 없는 사탕수수의 밭과 꿀의 강을 바라던 그들은 영원이라는 말도 안 되는 것의 실존마저 믿고 싶었을 겁니다. 그래요, 사랑은 사람만한 완벽함이 없죠. 단순히 연인 간의 사랑을 논하자는 게 아니라 우정이건 가족애건 사랑이라는 단어가 포용하는 모든 순간이 그렇습니다. 사랑, 을 발음하면 우리의 입 모양은 마치 뭔가를 말하려다 만 것처럼 열린 채 끝납니다. 그 상태로 뒤에 과연 무엇이 붙을지를 가늠하고 재단하며 고민에 빠져도 좋겠습니다. 사랑해, 혹은 사랑합니다, 혹자는 부정의 말일 수도 있겠습니다마는, 사랑은 제 뒤에 뭐가 붙던 신경을 쓰지 않아요.

완결성도 없고 불완전하고 하다 만 것처럼 끊긴 게, 겨우 그게 너무 기꺼워 붙잡게 되는 건가, 고민에 빠집니다.

 이런 모습을 보니 기실 우리는 사랑이라는 게 실존하는지조차 모르는 것 같습니다.

과학시간에 사랑하기

카시오페이아자리가 움직일 때마다 흉골이 부러졌다
갈비뼈 사이 사이 숨겨진 추억들이 일어날수록
심장이 자꾸만 부풀어 오르는 까닭이었다

소나기가 내리던 어느 날들 중 하나 밤하늘 같던 사람이 불현듯 별 하나로 보여 널 사랑하게 되었다고 하면 넌 내 말을 이해할 수 있을까 오래된 교실에 칠판마저 땀을 흘리던 이 여름 깊게 감긴 너의 속눈썹을 지켜보며 엉겨 붙어 있던 눈곱마저 어린 우주의 행성 같다는 생각을 했다

네 이름을 가만 불러보면 사랑한다는 말 같아서 목구멍이 따끔거렸다 알아들을 수 없는 공식을 몇 번이나 물고 빨았어 과학실에는 오직 외계인이 전부였고 나의 특기는 혀를 씹는 일 깊게 파인 혀가 익숙해질 무렵 너를 만났지 혀의 우물에는 너의 이름으로 만들어진 물이 고였는데 그걸 마음의 부유물이라고 칭한대 뱉어낼 수 없어서 계속 삼켜내던 그 달짝지근한 침을 사랑이라고 부른대

행성이 폭발하면 너는 눈을 뜨고
나는 다시 포르말린 속 개구리가 된다

너에 취해 비틀거리는 알코올램프들

이미 사라진 사람은 혈관 아래 들끓는 여름이 될 것이고
툭툭 불거진 두드러기가 간지러운 우주의 밤
카시오페이아자리는 심장박동 그래프 같아

그것을 보느라 핏줄이 선 나의 흰자에는 온갖 별자리가 담겨 있었지

외계인은 할 수 없는 말, 사랑해를 읊조리면서

두 잎 클로버

네 잎 클로버 한 손에 쥐고 달려와
웃으며 손 내밀던 당신
내게 행운을 주려던 것이었나요

그보다, 당신의 행운을 받을 만큼
내가 의미 있는 사람이었나요

손사레 치자 튀어나온 그대의 입술
하지만 이내 올라가는 입꼬리
곧이어 잎 두 개씩 떼어 우리 나눠 가졌잖아요

그런데 두 잎 클로버는
더 이상 네 잎 클로버가 아니잖아요

그러면
네 잎은 행운
세 잎은 행복
두 잎은
사랑-이길 바라는 건 너무 이기적일까요

당신 웃는 두 눈에
담겨 있었을까요

사랑이

너, 랑浪

우린 사랑을 대신할 말들로
영원할 것들을 떠올렸고
이를테면 바다 몽돌 구름 같이 결국에 부서지고 말
사아아
눈 깜짝할 새 밀려왔다 빠져나가는
눈가처럼 젖어 드는 해안

수평선에 잘려 나간 바다를 재단하다
터무니없이 넘실대는 파도의 불안정함에 질려
영원은 짐작할 수 없는 거대함이거나
끊임없는 변동이라고
쉽사리 재단하고

그러니까 변하는 사랑은 당연한 거지
사랑은 영원해야 하니까

영원? 사랑이 언제부터 영원했다고
영원하지 않은 사랑은 변치 말아라

우린 더 이상 아무것도
떠올리지 말고 바다로 가자

사아아아,
랑은
불
같이
타들어온다

Sea, Bindweed

바다는 나에게
모래알 만한 여지조차 주지 않는 사람
맨몸으로 마주한 파도 앞에 나는
숨을 참고
숨을 곳을 찾고

바다에게 숨을 곳은 없었다
빛이 있어야만 드러나는
발가벗은 물결만이 존재하고
물결 같은 내 마음은
바람 없이도 일렁이는데

나는 조금의 일렁임으로도
힘껏 울렁이는 심장
울렁이다 못해 왈칵 쏟아지는
바다를 품은
작은 눈동자

사랑 다시 일

여름을 나서다
너의 답장이 궁금해져서 되돌아가는 길엔
건반 누르는 소리가 들려

언젠가 그리운 날에 다시 듣기로 한
두 사람의 메이 비…….

처음 한 칸의 공백부터 다시 쓰자
사랑-1
사랑-2
손을 잡고 겨울로 갈 수 있는 결말을 찾아서

그 중
몇 번의 기일이 오더라도
나는 너의 생일 초를 챙기는 사람이 될게

이제는 두려워하지 않길

필연적 불행

 꼭 불행해야 해. 너는 내가 가장 좋아하고 싫어하는 사람이니까 언제든 꼭 불행해야 해. 내가 널 사랑하는 마음들이 재가 될 때까지 불행해야 해. 그렇게 죽을 때까지 꼭 불행하고 나면 우리 다음 생에 다시 만나자. 너는 나로 나는 너로 태어나 너는 다시 나의 불행을 바라는 그런 사이로 만나자. 아무래도 나는 널 미워하는 쪽이 더 편한 것 같아. 너는 미움받는 걸 끔찍하게 싫어해서 자꾸만 내게 잘 보이려 애썼었잖아. 그래서 나는 너를 미워해야 했어. 네가 미워서 죽을 것처럼 굴어야 너는 내게 예쁨 받으려 했으니까 나는 널 세상에서 제일 미워해야만 했어. 나는 네가 불행했으면 좋겠어. 네가 꼭 죽을 때까지 불행했으면 좋겠어. 그러다 어쩌다 한 번쯤은 그 불행에 내가 있고 또 어쩌다 한 번쯤은 같은 마음으로 마주치는 순간이 있었으면 좋겠어. 그러니 꼭 불행해야 해. 나는 널 제일 좋아하니까 너는 꼭 불행해야 해.

Merry-go-round

널 처음 보던 날
넌 마냥 어색해서 웃는데
그 호선에 걸려 번쩍 튀어 오르던 섬광

그 하나가
날 가로지르고
나는 그대로 갈라져서
아주 영원히 줄줄 내 속을 내버리는 사람이 되어서는
영영 제자리에서 떠날 줄도 모르고

나의 인생은 무언가의 결핍과 잠깐의 방심으로
아주 오래 슬프다가도 행복할 즈음에야
사르르 녹는 느낌이 좋아서 같은 말을 여러 번 한다

자주 아주 가끔 많이 또는 때때로 결국 그러나
더해주지 않으면 절대로 이어지지 않는 날들

그대 이름은 사랑

펄쩍펄쩍 성을 내는 바람에도
억센 입김에 동조하지 않고
고고하게 날갯짓하는
그대의 머릿결을 볼 때

드리워진 먹구름 아래서도
묵직한 휘장을 걷으며
내 침침한 눈을 부시게 하는
그대의 미소를 볼 때

사랑이라 부름에
사랑이라 답하니

아, 나는 감사해요

폴폴 옅어지는 살 내음
견딜 수가 없어
온종일 그대 숨결
이 몸에 두르고파

음음 그 흥얼거림 없인
잠들 수가 없어
밤새 그대 음성
전축에 올려두고파

아쉬워서 어쩌지
기다림을 어쩌지

아, 사랑
나는 사랑해요

끝

향긋한 냄새만 나면 네가 떠오르는데
이렇게 다 죽어가는 나를
너는 지금도 사랑하고 있니

우리 둘 중 한 명이 빠진 세상은
참으로 암담하겠지
네 말대로 우리에게 영원은 없었나 봐
난 있다고 믿었어 J야

내가 떠오르는 순간이 있다면
내 이름을 입에 담아
네 이름에서 쌉싸름한 맛이 느껴지던데
내 이름은 무슨 맛이 날까

우리 지금이라도 서로의 이름을 맛보자
서로를 맛보자
내일은 맑을 거야
내일은 맑겠지
그렇게 또 한 입
또 한 입

사랑코자 한다

사랑코자 한다
바랜 빛이 스며들어도
번진 형광펜에 도화지가 찢어져도
설령 그 모든 남용에 진저리가 날지언정

우연한 계기는 인연을 낳고
우연의 연속은 운명이라 여기는 아름다운 매일 속에서
단지 운명을 믿기 위해 우연을 만들었다

사랑코자 한다
짙은 어둠에 옅은 형광등을 놓고
눅눅한 종이에 노란 펜으로 별을 그리고
그 모든 오용에 한숨이 나올지언정

만들어진 운명은 '거짓'이란 고함에 마스크를 씌우고
설계된 인연은 어리석단 손가락질에 안대를 씌우며
단지 사랑코자 한다

구름 섞인 파도, 타버린 죄

사랑은 주워 담을 수 없는 말 따위
충동적인 분노 혹은 가벼운 배신처럼
시간의 무게에 힘입어 더욱 나를 찌르는 허상 따위

사랑, 잊으려는 갈증이 되레 징표가 되고
사랑, 부서지다가도 미련이란 창틀에 끼어 별빛이 되었네

입이 잠기고 귀를 지워도 그대를 사랑하지 않을 자신이 없다
변모하여도 알아볼 만큼 그대를 잘 모르는지도 모를 만큼 되뇌었다

사랑은 들판에 핀 메아리
순수한 그대여 아무 생각 없이 소리치지 말아요
나는 그대 작은 변화라도 전부 알아주고 싶은걸요
잠시도 한눈팔지 않고 잠자코 그대의 소음에 웅얼거리는걸요

단숨에 한계로 유혹하는 중재자 이 모순쟁이를 사모하는 나는 누구였던가

초파리도 기겁하던 나를 정글에서 자게 하는 그대는 누구십니까

짓궂은 당신 하염없이 나를 지나다니지 말아요
당신의 뒤꿈치가 내 가슴을 쓸고 가면,
당신의 푸른 향기에 백 열아홉 개의 눈이 멀고 말아요
아파 보이는 자작나무 같아도 오천 년 남짓 당신의 목소리를 기다릴 수 있는걸요

곧 나를 떠날 그대 옆에 누워 일기를 쓴다

잠에 들 때까지 기다려주는 것을 사랑이라 생각했다
사랑하는 사람과 잘 때 한 사람이 먼저 잠에 들면
우주 속을 헤맸다

약속해줘
잠들 때까지 나를 봐줘
고개를 멈추어도 흠칫 놀라 깨지 않을 때까지

애인에게 사랑은 잠에 드는 모습을 지켜보는 것이어서
팔을 괴고 가만히 바라보거나
새벽을 지나는 시간을 나누었다

잠의 문을 열고 들어가 잠옷을 입고
문 앞에서 기다리고 있는 애인을
반갑게 맞이했다
잠의 열쇠 구멍 안에서
손을 꼭 붙잡고 속삭이며 꿈을 꿨다
일어나면 손은 떼어져 있을지 모르지만

더 멀리의 별에 닿는 꿈

손과 손 사이의 우주에는
131억 년 전의 빛을 숨겨 두고
나와 애인은 하염없이 별을 바라보았다

해가 뜨지 않는 시간의 선 위에서
서로의 목소리에 길을 잃을 때까지 이야기를 나누다
나의 옆에서 애인은 잠들었다

일기장을 펼쳐 들고,
첫 문장은 이렇게 시작된다

곧 나를 떠날 그대 옆에 누워 일기를 쓴다

81kg짜리 가방

이 일을 하면서 처음 지하철을 타기 시작했다

대전에는 지하철이 지하로만 다니는데
서울은 지상에도 강 위에도 지하철이 다닌다

서울 모 마트에 이유식 카페가 있다
출근 : 매장에 들어가면 재고를 체크하고 오픈 준비를 한다

4살 아들만한 아이들이 먹는 이유식과 과자를 판다
8살 딸만한 아이들이 가지고 노는 레고도 판다
아이 엄마들이 마실 커피도 판다

일하면서 아이를 제일 많이 보는데 내 아이는 볼 수가 없다
아이 엄마와 제일 많이 대화하는데 내 아내는 볼 수가 없다

퇴근 : 재고를 체크하고 마감한다
가방에 필요한 것을 챙겨 나온다

다시 지하철에 탄다

어깨에 멘 81kg짜리 가방에는
노트북, 지갑, 계산기, 기저귀, 취학통지서, 꽃다발이 있다

월계역에서 내려야 하는데 또 광운대행으로 잘못 탔다
광운대에서 내려서 한 정거장을 걸어갔다

81kg을 초과한 가방이 무거워서 내가 걷는 건지 풍경이 지나가는 건지 몰랐다
81kg을 초과한 가방에서 계산기를 꺼내 통장에서 빠져나갈 돈을 계산했다

원룸에 도착해서야 마침내 가방을 내려놓을 수 있다
11시가 넘은 시간에 배달 음식을 시켰다

먹어도 먹어도 배가 부르지 않았다

주말에 집에 가서
밥을 먹을 수
있을
것이었다

걸어가야겠다

볕 좋은 날에만 당신에게로 걸어가야겠다
당신의 마음 위를 차마 구둣발로 걸을 순 없어
맨발로 가야겠는데
사랑에 젖어있는 내가 발자국을 남기고 말 테니
당신의 마음을 어지럽게 할까 걱정스럽다
물기가 금방 마를 볕 좋은 날에만 걸어가야겠다

비라도 쏟아진다면 뛰어가야겠다
빗물에 쓸려 발자국은 남지 않을 테니
기쁘게 뛰어가야겠다 했는데
비에 젖은 당신 마음을 찰박이는 발소리가
당신의 귓가를 어지럽게 할까 걱정스럽다
비가 내리는 날에도 나는 걸어가야겠다

눈이 내리는 날에는 멈춰서야겠다
눈밭에 찍힌 발자국은 너무 오래 남으니
가만히 내리는 눈을 보며
당신 생각이나 한참 해야겠다
눈이 녹는 볕 좋은 날이 오면 다시 걸어가야겠다

Stone-in-Love

작은 조약돌 같은 마음

물에 깎이고 돌과 부딪혀
미끈하고도 능청스러운 마음

부딪힘은 기껍고 그 마찰음은 찬란하지
또다시 달각거리는 소리에 몸을 내던지고

나는 항상 여기에 있지만
이 마음은 영원히 흐르리

흐르는 유체 너머 부서지는 빛 한 조각
뜰채마다 소복한 그들의 웃음이

나는 자연스레 그들과 섞여
함박웃음을 짓는다

맑은 강 하류
가장 윤이 나는 돌이 될 때까지

살 안

사랑니는 살안니였대
어쩐지
사랑니에게 사랑은 과분해
한바탕 웃었더랬다

나는 유치처럼 뽑힐 줄 알았어
한 숨에 뚝
그땐 어렸지
어린 생각이었지
너무 커서 문제라네
신경 어디를 누르고 있대
사방 조각을 내서야 겨우
질긴 힘겨루기 끝에 겨우
살을 덕지덕지 껴안고
타지 않는 뼈가 뽑혀 나갔다
어쩌면 영원히 거기에 있었을
나의 덤

아프지는 않더라
입술은 아직 얼얼해

마취가 제일 아픈 게 말이 되나?
떠오른 말장난에 하하핫, 웃는 소리는
흐흐흡, 으흐흡
피가 안 멈추면 목구멍이 막힌대
흰 천을 악물어
날뛰는 혀를 잠재웠다
시시각각 부어오르는 살
칼자국에서 심장이 뛴다

그 밤에는 몰랐어
진통제를 털어 넣고
억지로 잠을 청했던 밤
핏기도 붓기도 지나간
패인 공간을 만나고서야 문득
너에게 살 안을 주었구나.

해가 멀어지면 살이 차오른대
좀 더 내어줄 걸 그랬나 봐
달이 한 번 차면 바스라졌을
너의 덤

사막

태양의 조각들은 춤을 추었고
잔열마저 노래를 뱉고 있었다

우리의 형태는 모래와 같이
말 못 할 비밀을 나누고

찢어지는 목소리로
우리에게 미래는
녹아내릴 신기루 같은 거라며

온몸이 타버린 너는
내 눈 안에서
뒤틀린 얼굴을 쓰고 있었다

우리의 모양은 모래 속으로
때 이른 첫눈처럼 녹아들고

사라지는 눈빛으로
우리에게 사랑은
찾지 못한 오아시스 같은 거라며

온몸이 젖어버린 너는
내 눈 안에서
흐르는 얼굴을 하고 있었다

그런 너에게
나는 마지막 남은 손을 쥐여 줬다

그런 나에게
너는 마지막까지 입술을 맞췄다

사탕과 눈과 피

싫다

입에 넣고 굴리면
비릿하게 피 맛이 배어 나오는
금이 간 사탕 조각처럼

달콤했냐고 묻는다면
오히려 씁쓸했다
약간은 짭짤했던 것 같다

한겨울
칼바람 같았다
당신은 하얗고 붉었다
하얀 눈 위 빨간 우체통
붉은 그림자
그렇게 선명히도 남았다

당신의 온기에 녹아든다
녹아드는 것인지
소멸하는 것인지

영영 사라져버릴 것만 같았다

붉은 피와 뒤섞인
사탕처럼
눈처럼
어차피 녹아 없어질 테지만

아무에게도 말하기가
싫다

사랑

네가 사는 작은 숲에는 안개가 있어. 너는 모르겠지만.

죽은 안개들이 사는 곳. 그중 가장 뿌옇고 검은 안개 속의 나무. 나무? 너의 심장만큼 작위적인 나무. 너의 숲에서 가끔 말을 거는 나무들에 붙잡히면 꼼짝 못 하고 너의 심장 소리를 듣고 있어야 해. 안개만큼 얌전히. 안개보다 조용히. 그러면서 그림자도 밟지 말라는 그런 상투적인 말. 근데 안개 속에서 그게 무슨 의미지?

너의 숲속 안개는 유난히 뿌옇다. 안개에 가려지는 것들을 봐야 해. 난 나무가 말하는 걸 싫어해. 나무는 가만히 서 있어야 나무가 되고 나무는 너의 안개들 속에서 가지들을 뿜어대다 구태여 뿌연 열매들을 떨구고 나는 그걸 받아먹고 받아먹으면서 때아닌 돌풍이 불고 그렇게 반복. 어때 별 거 없지?

안개 속으로 더 깊게 들어가면 너의 심장만큼 커다란 바위가 갈라져 있다. 갈라져 있다. 너의 심장은 갈라져 있어서 갈라지는 숨을 내뱉는다. 너의 그 커다란 숨이 나의 숲을 흔든다. 나무가 나무가 되고 그림자들을 걷어낸다. 걷어내면서 걷어지는 것들이 걷어진다. 너의 심장 같은 안개가 걷어진다.

fjord

  놓지 마 나는 너에게 그런 말을 한 적이 없었는데 너는 내 팔뚝을 여전히 움켜쥐고 잡아달라는 말이 아닌데 해명을 하기엔 이미 멍이 자리를 깊게 잡았고 너의 손을 잡은 채 눈을 감으면 뒤로 고스란히 넘어갈 것만 같았다 등이 온전하게 바닥과 맞닿기를 바라는 마음으로 변했어 아무리 생각해도 아니라는 말을 하지 않으려 눈을 깜박여 건조한 건 안구뿐이라고 아무리 말을 해도 놓치지 마 어째서 너가 어쩌면 내가 흘린 눈덩이를 주웠을지도 모른다는 착각 헨젤과 그레텔이 끝까지 손을 잡지 않았다는 사실을 알고 있니 눈이 녹아 사라질 거야 놓을 거야? 누가 먼저 말을 꺼내기도 전에 비가 쏟아졌다

사랑의 집단지성

요즘 사랑이 무어냐고 묻는 사람이 많아졌어. 사랑이 뭔데? 사랑의 의미를 시로 적어주세요? '사랑해'를, 너는 뭐라고 번역할래?

질문이 높이 쌓이면 늘 사전을 찾아보곤 해. 사전은 말야, 하나의 낱말에 대하여 아주 많은 사람들이 아주 오랜 시간 동안 지켜온 의미를 적어둔 공개적인 비밀 노트거든. 일종의 집단지성!

사전적 의미에 따르면 사랑이란 1. 어떤 사람이나 존재를 몹시 아끼고 귀중히 여기는 마음. 또는 그런 일. 2. 어떤 사물이나 대상을 아끼고 소중히 여기거나 즐기는 마음. 또는 그런 일. 3. 남을 이해하고 돕는 마음. 또는 그런 일.

글자가 태어나기도 훨씬 전부터 사람들은 아마 이런 마음과 또는 그런 일이 작용하는 것에 대하여 그것을 무엇이라고 부르고 싶었을 테지. 결국 그것은 사랑으로 불리게 되었고 사람들은 이제 그것을 사랑이라고 노래해. 사전에는 사랑이 전부 들어있어.

몇 세대가 지나도록 변함없이 사랑을 사랑이라고 부르는 우리 모두 이미 사랑이야. 이 마음을 몹시 아끼고 귀중히 여기며 이해하고자 하는 기꺼움이 사랑이야. 사전을 뒤져서라도 무엇인지 알고 싶은 마음이 사랑이야. 사랑을 알고 싶다는 건 이미 내 안에 사랑이 들어와 문 사이로 발 하나를 걸치고 있다는 사실을 우리는 받아들여야 해.

사랑은 이미 사랑. 사랑은 이미 사랑.

사랑이 무어냐고 묻는 너에게.

사랑

태어나마자
마주하는 환희
몸짓 하나하나에
기쁨

작은 일 하나에
희노애락이 가득한 마음

때때론 침묵으로 대신하며
때때론 그리움으로 대신하며

각양각색의 모습이지만
늘 계속되는 행위

시작은 있지만 끝이 없는 일

무어라 말할까

높은 파도를 더러
해일이라 부르고

강풍보다도 강한 바람은
태풍이라고도 하는데

사랑보다
높고 강한 것은 없어서

사랑은 그저 사랑이라고 부른다

볼륨을 높여줘!

낯선 땅 이방인으로 발걸음 내딛던 날
가로등 불빛 아래 마주친 익숙한 언어
시선 맞닿은 채 눈만 깜빡 깜빡 깜빡…
내게 건네던 오렌지 하나를 쥐고 집에 돌아온 기억
노을 때문인지 착각했어 그건 레몬이었는데

해석이 필요 없는 목소리로 인사를 나눌 때도 말 못했지
웃기잖아 새콤거리는 향을 어떻게 몰랐다구
그저 모른 척 웃으며 네 발걸음만 좇았어

너를 따라가다 발견한
반짝이는 해변 그리고 한낮의 축제
과즙에 물든 손은 네게 붙잡히고
푸른 하늘은 볼을 붉히던 순간

그렇게 이랑지는 파도가 밀려와
사근거리는 바닷소리는 레몬의 연장선에

노을은 찰나야
그러니 우리 오렌지빛 노을을 조심하자

스프링클 뿌린 아이스크림은 내 손 타고 녹아 흐르고
저 멀리 관람차 창을 타고 온 빛이 내 마음 찌르는데
그 아래서는 자꾸만 간질거려 웃음이 나오잖아 위험해

그새 우리 사이 그려진 발자국 셋 넷 다섯…
그곳에서 입술 모아 부른 이름이 못내 달콤하게 사그라져서
 심장의 주파수가 요동쳐
파장이 맞아야 네 목소리 또렷이 들릴 텐데

다시 부른 네 이름에 맞닿은 입술
그대로 전해지는 박자 두근 두근 두근…
축제는 왜 이리도 고요한지
우리가 떠나온 지구 반대편까지 소리 울릴 것 같아

레몬아 아니 아니 오렌지야 저기 돌아가는 관람차야
내 목소리가 들린다면
두근대는 우리 심장 소리 모두 묻혀버리게

지금 저 불꽃놀이의 볼륨을 높여줘!

무궁화 꽃이 피었습니다

너는 순식간에 내 앞이었다가 뒤가 된다

먼 팔레스테인 네가 있는 샤론 평원에서는 땅이 하늘의 꿈을 꾸었다 그러면
물기를 머금은 네가 조용히 깨어나기 시작했다
네 이름 그대로 샤론 평원에 우리 둘뿐이면
나는 네 곁에서만 숨을 쉴 수 있었다
잎 얼마 남지 않은 나무 그늘에서 쉬고 있노라면
나는 저 너머의 계절을 바라볼 수 있었다
네게는 다섯 개의 잎이 있으니 하나를 떼지 않을 거라면
다섯 계절을 사는 게 낫겠다

무궁, 영원, 살아있다는 것은 무엇인가 네가 없는 이 평원을 나는 무어라 불러야 할까

샤론 평원에 꽃이 피고 이미 죽어버린 말을 울음에 담아 토해내면
너는 순식간에 내 앞이었다가 뒤가 된다
새하얀 세상이었다

결국 네가 피어날 걸 알았다
늦게라도 돌아날 걸 알았다

너는 피어났고 잎 얼마 남지 않은 나무 그늘은 평안했다
내게 손을 내밀었고 우리는 함께였다
그러니 너는 잎사귀를 유영하는 이슬 하나가 떨어지기 전에 내게 오라

그늘 한 점 없는 마른 풀밭에서
나는 다시,
무궁화 꽃이 피었습니다

만조

 연락하고 싶은 마음을 꾹 참아. 참을 때 눈물도 나오지 않도록 조심해야지. 점 하나 찍지 않아야 해. 그래야 널 더 빨리 잊을 수 있어. 마음이 마음처럼 되지 않아서 슬퍼. 슬픈 게 숙명 같아서 괴롭다. 기대하고 싶지 않은 마음. 기대고 싶은 마음. 도망치고 싶은 마음과 영영 잊고 싶지 않은 마음이 같이 범람해.

 너를 생각하면 끝이 축축한 우리가 있어. 아무도 마르지 않아서 슬프고 그래서 또 같이 웃다가 우는 마무리야. 추락하는 것을 즐길 수 있는 사람이었다면 좋았을 텐데. 파도에 흘려보낸 너와, 밀물처럼 몰려오는 공백을 혼자 껴안은 나. 어땠어야 했을까, 우리는.

 네가 물고기였으면 좋겠다는 말, 거짓말 같은 농담이 아니었어. 나는 늘, 네 손을 잡고 우리가 물고기가 되는 상상을 했지. 너도 나도 아가미 하나로만 살아갈 수 있었다면, 끝까지 함께 할 수 있었을까? 네 모습은 쓸데없이 찰나였고 꽤 오래 남을 거야.

 네가 떠난 이곳은 이제 만조야.

나그네

널 담고서 구토가 잦다.

마주침에 하릴없는 공명은 애꿎은 목을 태워 물만 연신 삼키고, 어느의 말마따나 빈 한 그릇 만지작하지만 구태여 맘을 다문다.

쉬어가란 그 한마디가 감히 널 갈구하게 만드는 줄도 모르고, 살짝 띄운 낙엽 하나가 행여 네 마음일까 무너진 줄도 모르고.

난 여전히 구토가 잦다.
네 앞에선 또 목이 말라.

겨울 숲

믿는 건 없었다
실제로 믿을 것은 없었다
믿음은 진부한 이야기고
언제든 녹을 수 있는 것

사랑은 없었다
사실 사랑할 것은 많았다
하지만 사랑은 복합체
내가 원한 것은 단순한 것

단순한 대화가 시작된 적이 있었다
말 그대로 말과 말이 오가는
부드러움이 모서리를 갖게 되는
모서리가 금방 확신으로 변해가는
생각했던 것보다 멈추는 일은 쉽지 않았다

기다림이 있었다
짤막한 단순을 한 번 더 바라는 욕심
기대는 크레이프 케이크처럼 쌓여가고
나이프는 절망처럼 파고든다

촉촉하게, 그리고
축축하게

반복은 포기를 키웠다
날이 선 기대는 앞날을 지웠다
빈 그릇은 어느새 버나가 되어
나를 대신 담아 돌기 시작했다

빙글, 빙글, 빙글
자연스레 따라오는 시야
그만큼 안 보이는 게 생길 거라는 믿음
그렇다고 있던 게 사라지진 않는데

믿음은 없다고 했다
사랑은 없다고 했다
내가 만들어낸 건 무엇인가
내가 바랐던 건 무엇일까

길이 있던 땅을 흙으로 덮고
처음으로 되돌아왔다

없는 길은 만들지 않기로 했다
없어질 것들을
다신 만들지 않기로 했다

마침내 눈이 부시다

새파란 그림자가 무서운 밤
뛰어들어 부서지도록 안기고 싶은 품

도전한 적 없이 이미 져버린 마음이야
너에게는

뒤따르는 그림자 없이 빛을 마주보고 걷는
그런 기분이야 너랑은

가끔은
눈이 내리는 날
손을 뻗어 손바닥 위에 내려앉은 눈꽃이
영영 녹지 않는 온도야 우리는

발간 기다림처럼 푸른 약속처럼

마침내
네가 검어도 나는 눈이 부시다

드라이플라워

1

내가 악몽에게 목이 졸리던 밤마다 달빛은 은은히 펼쳐지고 책상 위의 작은 선인장은 아침을 데려오는 노랠 불렀다 눈을 뜨자마자 전화 걸면 너는 수화기 건너편에서 나른한 목소리로 무슨 일 있냐고 물어오고 나는 그 다정을 이불 삼아 다시 눈을 감아보고

내게 남은 네 목소리만 있으면 악몽도 악몽이 아니게 될 것 같아서

네 목소리를 품에 안고 꿈속으로 뛰어들면 나는 조금 더 용감해졌다 마법의 칼자루를 쥐고 악당을 다시 마주한 영웅처럼, 나를 질식시키려는 꿈의 손목을 붙잡을 수 있었다

불현듯 돌아온 현실처럼, 네 목소리는 왜 나에게 칼자루가 되며 너는 그 칼자루를 왜 쥐여주는지

이불에 드리운 볕뉘에서 한참 머무는 눈길

2

속눈썹에 윤슬처럼 글썽이는 햇빛과

잊고 싶은 말을 포개어버리는 입술의 온도

파스텔로 그려보는 고동색 눈빛

머리칼에 쏟아지는 바람 귀퉁이에 책갈피를 꽂고
너의 반짝이는 말에 몇 번이고 밑줄 긋는 이유

사랑해,

난 기꺼이
너의 말린 꽃이 되기로 했어

멸종위기종

이 도시엔 낭만이 없습니다

사실 이젠 어디에도 낭만은 없어요
밀렵꾼이 사라져도 도도새는 돌아오지 않는 것처럼
아마 낭만도 그럴 겁니다

사랑을 멸종위기종으로 지정해야 합니다

동물원이 아닌 산에 수족관이 아닌 바다에
연인이 아닌 인연에도
무엇인가 존재했던 때가 있었다고 말해봤자
아무도 믿지 못하는 때가 올 겁니다

사랑이 절멸한 후 우리는 사랑을
박물관에서나 보게 될까요

박제된 시와 음악 속에서 잔해를 발굴하며
상상하고 복원하게 될까요

냉전 시대의 빙하기를 견디지 못하고
얼어버린 사랑을 안타까워할까요

연민은 그때까지 무사할까요

끝까지 남아있는 건 뭘까요

호랑이가 사라진 산속에는
멧돼지가 두려워할 것이 없는데

사랑이 사라진 세상에서
두려운 것이 없는 포식자는 누구인가요

손에 닿은 은하수가 지금 우리의 눈동자라면

눈동자 속에 비가 내린다

새하얗게, 물들어버린
시공간을 하염없이 거닐었다

빛의 정적과 소란스러운 내음이 가득 찬 정원에 앉아
흘러가는 망각의 움직임을 바라보는 사람들이

가득한 공간

차디찬 어둠이 슬며시 옆에 머무르는 시간이 되면
일어나는 관계의 사람들이

가득한 시간

비가 내리는 눈동자 속을
하염없이 거닐었다

울림의 정황
음울한 감각의 연속된 침잠

몰두하는 슬픔
이들이 교차하는 지점에서
다른 비가 내리는 눈동자를 만났다

이어지는 걸음에
연결되는 문장은
서로의 눈동자 속을 유랑했다

기나긴 침묵에서
피어난 떨림의 운율이 토해내는
익숙하지만 낯선 감정이
비를 거둬낸다

무지개를 잡으러 달려가는 순간

색깔의 아름다운 빛이 퍼지듯
흐드러지는 감정의 파장에 물들어버린
서로의 눈동자는 같은 빛을 낸다

기나긴 꿈의 시작을 알리듯

사랑하는 사람에게는
그 어느 누구도 뭐라고 할 수 없다고
말하는 것처럼

아직도

아직도 사랑하느냐고 묻는다

그 어느 시간 너머의 볕이 따뜻한 날
겨울이 오는 찬 기운에 눈썹을 찡긋이며
어떤 호흡의 말을 건넸더라, 살풋 웃는다

한순간 스친 찰나로라도
너의 계절 추위가 기승을 부려도
손끝 맞닿은 우리 눈빛 마음 끝
따숩지 않았던 적 없기에

여전히 사랑, 한다고 답한다

Best Served Cold

아이가 울 때 보호자가 아무 반응도 보이지 않으면, 그게 반복되면 아이는 더 이상 울지 않는다는 얘기를 읽었어.

어쩌면 그 분께서도 우리들의 눈물을 보고 싶지 않으셔서 침묵하고 계셨는지도 모르지.

그런데, 나랑 장난해요?
그럴 거라면 사랑하지 마셨어야지.
그럴 거라면 차라리 사랑하지 않는다고 말해주셨어야죠.

성을 내는 나를 감싸 안는 품.
그 온기에 가슴이 서늘하게 내려앉는다.

발병 뒤 한참 후에야 발견된 증상이 된 채로,
희망과 이루어짐 사이의 간극에 머리털이 쭈뼛 선다.

맞닿지 못한 등의 한기.
포옹으로 엇갈린 몸과 숨겨진 표정들 사이에서
작고 무겁게 새어 나온다.

나도 사랑해요, 아버지.

설렘 그리고 사랑

서로 부딪혀 울리는 소리는 청청했고
목으로 넘기는 술은 너무도 달았네요

술 몇 잔이 나를 흠뻑 적신 걸 보면
그건 술이 아니라 바다였나 봐요

이 두근거림, 그대 생각이 밀려오는 걸 보니
그건 술이 아니라 파도가 치는 바다였나 봐요

아침에 선잠

너는 모를걸
내가 널 얼마나 좋아하는지
우리는 가끔 이렇게 경쟁하곤 했다
아니야 내가 더, 아냐 내가 더
넌 진짜 몰라, 아니 네가 더 몰라

답답함은 계속되었는데
꿈에서 깨면 다시 잠들고만 싶었다
다시 자면 계속될까 봐,
뒷이야기 너무나 궁금해서
어떻게 집중하면 꿈일랑 치고
더 안아주었을 텐데 더 안겼을 텐데
끄응, 쉽지 않다 몽롱해야 하는데
의식할수록 자꾸 선명한 게

너도 나이를 먹은 건지 뒷모습에
옆구리가 볼록 살이 찐 모습이었는데
그것도 사랑스럽던 내 눈의 기억을
더듬어 보고야 느꼈다
그만 일어나야겠다

터무니 없는 스텝

 미안, 그래도 난 아직 사랑을 믿어! 더 이상 좁힐 수 없다는 뜻인 사랑 같은 말. 그런 건 다른 음과 춤을 추면서 서로의 발놀림을 현란하게 할 거야. 아니 춤을 춰봐야 우리 알게 될지도 몰라. 아니 평생 몰라서 춤을 출지도 몰라. 몰라서 난 너가 떠난 빈자리에서 스텝을 밟을지도 몰라. 아니 나는 이미 지난 사랑에 구애의 춤을 출지도 몰라. 분열의 사랑을 할 거야. 하나의 사랑을 하나 이상의 이지러지는 춤으로 잘게 잘게 쪼갤 거야. 아무리 노력해도 못 닿을 그런 것들을 믿기 위해 스텝을 쪼개고 춤을 출 거야.

시차

저기 8시간 후에 나는 노래를 보냈어
혹시 들렸니?

너가 낮일 때 나는 밤이라서
자꾸만 뜬눈으로 밤을 새

저기 5시간 전에 나는 마음을 보냈어
혹시 닿았니?

우린 다른 주파수로
서로의 소리를 들어

차가운 화면 위로 전하는 온기를
너는 느꼈니?

눈이 흩날리는 이곳은
너를 통해 빗소리를 듣고

아침 햇살이 부서질 때
너를 통해 달빛을 맞아

안녕 나는 과거에서 온 위로야
미래에서 온 사랑이야

푸른별 표류기

차갑게 부서질 것 같은 손을 꽉 쥐었고
사람의 온기란 그렇게 따뜻한 거였나 생각할 수 있었지
손바닥도 바닥인데
왜 이리 밑바닥 깊숙이 있지 않은 걸까

영원 뒤로는 둥글게 차오른 마음이
다시 암녹색으로 흘러 방랑하는 마음이

제일 뜨거운 별은 푸른색이라는데
내가 네 마음을 푸르다고 말해도 되겠니?
붉은 마음은 조금 시시하잖니

네 새파란 손끝은
내 선홍빛 눈가를 만져주고
투명한 별들은 볼 위를 데구루루 굴러다니네

네가 내 눈시울을 읽어낼 수 있을 때
우리는 그걸 사랑이라고 부르기 시작했다

완전무결하지 않은 우리는 몰래 서로의 호흡법을 배운다

달 하나 떠 있는 밤
나는 적막을 덮고 어둠에 기대어
잠에 취한 당신이 비스듬한 허공에
푸른 숨을 비우고 또 채우는 소리를 가만히 듣다가
몰래 그 위로 내 숨을 포개어봅니다

당신이 비우는 동안 나는 들이킵니다
낮 동안 가쁘게 들이마셨을 숨
약간은 거친 그 소리
긴 밤 내내 단잠을 깨우더라도
나, 당신이 숨을 쉬는 방식이 좋아

혼자 생각합니다
오롯이 지켜봅니다
밤이 깊어지는 동안
나는 혼자서 당신의 호흡을 배웁니다

당신이 겨우 가벼워지는 시간에
나 겨우 무거워지는 것 같아요
부디 당신이 참아냈던 한숨을 내어주세요
내가 허공에 흩날려 사라지지 않도록

최선의 계절

계절에 대한 물음은 늘 어렵습니다
디딘 발은 공중에 뜨고 소외하는 기분이에요
꾸준한 사계절을 사랑하지만
사랑하는 쪽이 선택하는 건 비겁하지 않나요

환절기를 좋아한다는 나의 대답은
조금 틀렸을지도 모르겠습니다
최선의 계절이란 물음이었다면
조금 더 힘주어 말했을 텐데요

가을의 어스름함에 기대 어제를 느껴왔고
새롭지 않아도 될 때 봄의 온기를 받았습니다
여름의 초록을 안아본 적 있고
겨울의 초록을 알아보게 되었습니다

계절마다의 감촉이 닿자 틈이 들어옵니다
나는 그 사이사이에 기대었습니다
눈여겨보지 않을 틈새에 누워봅니다
그러자 대답이 어려워졌습니다
물음도 어렵습니다

무슨 계절을 좋아하나요
더욱이 의심 없는 물음을 좋아합니다
달리 비틀면 확신이에요
당신의 분명한 눈이 나를 봅니다
올해는 뚜렷함도 사랑해 볼까 싶어 겨울에 앉았습니다

직감

희석되지 않는 바닷물처럼
너에 대한 사랑은 변하지 않는다

변화하는 것은 계절뿐
부서지는 소금의 결정뿐

슬픔을 야기하는 구름을
저만치 떨어뜨려 놓는다

해변에 닿는 손이 부끄러워
지문들만 한참을 남기고

나날이 여위어 가며 증발 중이다
이윽고 폭풍처럼 너에게 불기 위해서

마음이 무수히 쏟아지는 세계
세계는 가감 없이 협착되어있다

서로를 투과하는 비의 계절 속에서
우리는 사랑을 직감한다

바닥이 없는 바닷물처럼
사랑은 불변의 깊이로 깊어져만 간다

영사의 필름, 버드

나는 너를 피했어
거품이 꺼지기 전 너는 여전히 그 자리에 있더군
고요한 비명
잊어가는 노을
혹은, 발화하는 씨앗

날아가지 못하는 것은 날개마저 자각하지 못하는 걸까
철장 안에 갇혀 나가고 싶어 안달 난
버드

까무룩 잠드는 일 밖에
너는… 너는

나누어 가진 내 잔상은 거짓일까
니린헌 사랑이었다
이것은
버티는 근성인지
놓지 못하는 미련인지

위험해

가시 속에 자란 초목은 위험에 노출되어 있어
초목을 단단히 여매준 밧줄
밧줄 묶었던 사람은 알고 보니 그, 뭐야
벌목하는 사람이었고

풉

깊이 깊이 너를 사랑했다고 말하고 싶었지
지나가는 잎새처럼 흔들려도

내 고백이 너를 앓게 할 것을 모르고

돌아가는 필름을
눅진한 눈으로 좇는 버드

아직까지는

님이 계신 그곳은
낮인가요? 밤인가요?

내가 있는 이곳은
여전히 비가 내리고
여전히 깜깜합니다

그래도 내가 견딜 수 있음은
구름을 밀어낸 달빛이
은은하게 날 감싸주는 까닭입니다

오늘도 뒷산 단풍나무를
두 팔 벌려 꽉 안아주었습니다

님의 인자하고도 따뜻한 품에
안겨있는 듯하여
좀 오랫동안 안아주었습니다

집으로 돌아가려는 데
길을 잃었고

집도 잃었다는 생각에
걷잡을 수 없는 슬픔이 밀려왔지만

그래도 아직까지는 살 만합니다

여전히 비가 내리고 있습니다
홀로 있는 내가 가여워
님께서 흘리시는 눈물 맞으니

아직까지는 살 만합니다

선

 나 잠이 들면 당신은 어김없이 바다를 보러 가요. 내가 눈을 감아야만 밤인 거겠지요.
 온통 까맣기만 한데요, 당신 지금 어디에 계세요, 여쭈었더니. 그만 돌아가자, 내 손등에 얼른 입을 맞추곤 앞서 걷는 걸음. 나는 많이 서운했어요. 알았어요. 알았어요. 나는 눈을 감아야만 했지요.

 말을 달리할 걸 그랬나. 예컨대, 밤바다가 참 예쁘네요, 바라보는.
 그저 잠자코 당신이 하는 말을 따라 옮겨 적기만 할 걸 그랬어요. 웃을 수도 있었을 건데. 먼저 알았거든 나는 분명 그리했을 거예요. 당신이 했던 아무 말을 붙잡아 놓고 베끼어 써보면 내 마음 정말이지 단순해져선 조금 우습기도 하니까.

 엊저녁에는 말이에요. 내내 쓰다가 서너 줄 정도 되는 말 조금 남겨 두고 당신 모르게 혼자 불러보았는데.
 이름도 없는 노래가 어쩌면 이리 바다를 닮았는지 몰라. 한 번도 본 적 없었을 텐데 당신은 왜 푸른 바다를 다 아세요. 어렵지 않나요, 알지도 못하는 걸 준다는 게요.

아무래도 착한 사람. 참, 착한 사람. 그러니까 나는요, 눈을 감고 당신의 말을 적는 게 점점 좋아진다는 거야. 밤의 바다 푸른 노랫말. 기어코 그런 것들.

아낙네

물레를 밟으면
흐르는 물 따라
임 생각 떠내려갈까.

물레를 성큼성큼
밟아본다.

입김을 내쉬면
바람에 날려
임 생각 날아갈까.

아궁이 불을 후 후
불어본다.

시냇물에 빨래하면
방망이 소리에
임 생각 달아날까.

있는 힘껏 팡팡
쳐내 본다.

그러다
해가 지어
달이 띄어

사발 하나 가져놓아
하늘님 하늘님 빌다 보면

물 없는 사발에
임 생각만 차오른다.

수공예

당신은 기쁘게
종소리처럼 펼쳐 보이던 손바닥
흥얼거리던
잊혀지지 않는 그 고향 없는 발성들

그래서 난 바래요

천천히 다이얼을 돌리다
감추어진 주파수를 찾아내면
숨죽이며 받아 적던
비밀들도

매일 밤 등불 아래서
그 자국을 따라 천천히 접어보던
접힌 자국 가득한
조잡한 마음도

한밤중 터널 안에서 울리던
정체를 알 수 없는 회색 굉음도

몇 구절이 잊혀진 옛 시도
색깔 없이 반짝임만 남은 혼잣말도

당신의 손을 잡아주지 않기를

오직
당신의 형상을 빚어낸 기도들이
난해한 주문들만 사는 음침한 골짜기에서
당신을 이끌어 가기를

양털 같은 졸음이
당신의 손가락 하나 하나
무너뜨려
당신은 쥐고 있던 무언가를
결국 놓쳐 버릴지라도

곤충처럼 망설이던 당신 손가락이
날개를 달고 허공을 휘저으며
당신을 닮은 왼손 오른손을
찾아가기를

세기말 로망스

왼손으로 지도를 그렸다
오른손은 네게 있었으니까

지구본은 어느새 고양이들의 장난감이 되어 있었고

우리는 서툰 손으로 대륙과 바다를 색칠했지

삐뚤삐뚤
열심히 살아가는 사람들처럼

세계의 북쪽에는 아직도
천장을 걷는 부족이 있다는데

그곳을 여행하면 어떨까
거기서 내가 영영 천장을 걷는 사람이 된다면

바닥에 선 너와 서로를 거꾸로 안은 채
심장 소리를 새겨듣는 취미가 생기겠지

뻐끔뻐끔
소리 없이 웃어 버리자

금붕어의 하품 소리도 들리지 않는
우주의 좁은 방 한편에서

발끝은 자주 시리고
우리는 한 켤레의 양말을 나누어 신는다

지구가 발밑에서 굴러가고 있다
잔뜩 신이 난 몸짓으로

멸망할 듯 말 듯
서랍 너머로 멀어져가는

愛

모든 걸 주고 싶은 부모
받고 싶은 자식
같은 방향에 있는
레루장이 만날 수 없듯이
이대로 한 방향 한점으로
만날 수 없을까?
내가 받은 사랑
자식에게 온전히 물려 줄 수 있을까?
날도 더 어려워지는
자식 교육
사랑으로 키울 수 있으면
좋으련만
자식 농사는 어렵다
요즘 젊은이들 포기하는
삼포 중 하나
세상이 너에게 무엇이든 그것이 대수냐?
편견에 물젖지 말고
세대 갈등 줄이며
희망을 품고
도전하는 자세가 바람직하다

실패는 또 다른
도전 기회를 의미한다
수학의 미지수 같은
그 이름
풀 수 없는 수수께끼
미궁 속에
빠져든다
도전하는 자세가 바람직하다
실패는 또 다른 도전 기회를
의미한다

30分의 사랑

엄마!
출근 시간이 30분
늦어져요

얼마 전 장가간 아들이
나에게 이렇게 말했습니다

엄마가 챙겨준 게
많았나 봐요

아들은 엄마의 조바심과
노파심을 30분의 시간으로
통쳤습니다

아들아!
이 어미는
너의 30分 안에
네가 웃고, 울고, 걷고, 뛰어다니고
가방 메고 학교에 가고
친구와 싸우고 온 날

큰 목소리로 노래를 흥얼거리고
듬직한 어깨에 군복 입고
경례하던 모습
여자친구 생겼다고 온종일 싱글벙글
일일이 말하기가 끝이 없구나

억겁의 시간을
너를 바라보고
네가 잘되기를 바라는
어미의 시간이란다

엄마

아이가 아프면
부모는 애가 타고
해가 뜨는지
해가 지는지
느낄 수 없고
무엇이든 입으로 넘길 수 없어도
한 가지 할 수 있는 건
내 가슴속에 간직한
주님의 성전에
무릎 꿇고
나의 부족한 생명
드릴 수 있으면
대신 가져가 주시라
애끓는 맘으로
기도하며
봄 산인지
겨울 산인지
눈물로 바라보며
다섯 해를 지냈네

이제는 기쁘게
아이의 결혼을 지켜보네
감사하고 감사하며
행복하라
기도하네

슬픈 사랑이여

간 저녁부터 내리는 빗소리가
그대가 부르는 소리처럼
그리움으로 가슴을 적시고 있다
툭툭 떨어지는 빗소리
그대가 내게 사랑한다고 말하던
그날의 목소리처럼 설레게 한다
현실에서 어찌할 수 없는 인연이기에
침묵하고 있지만
늘 그립고 보고 싶은 사람
내 가슴에 묻힌 사랑이여

사랑

넌 나의 그리움이었다
함께 있지 않아도 언제나
내 마음에 떠 있는 너
젊은 날 우물에서 퍼 올린 두레박에 아른거려,
죽으리만치 아프던 너

나만의 들뜸이었을까
나를 꽁꽁 묶어버린
그 피할 수 없던 진실

어스름한 전봇대 밑에
얼굴 없는 그림자로 지켜보던 너
왜 우린 그때 말 한 번 못했을까
지금 이리 그리운 것을

풀꽃, 71세

사랑의 넋두리

　사랑 과연 너는 무엇인가 무엇이 사랑이고 무엇이 이별인가 사랑이 있기에 이별이 있고 이별이 있기에 아픔이 있겠지 그 아픔으로 너의 사랑이 성장한다
　나의 삶에 애틋한 사랑은 없다 정해진 사람과 한평생 탈 없이 사는 것이 사랑이라 생각했고 그 삶이 고달플 때도 있고 즐거울 때도 있었지만 그것이 사랑이라 믿고 살아온 나의 삶에 후회는 없다
　나의 사랑은 믿음이고 따뜻함이다

풀

세상 가득이
있다.

풀은 많다.
어디에도 있다.

짓밟히고
뭉개도 또 있다.

소도 먹고 양도 먹고
먹어도 먹어도 또 있다.

그 흔한 풀은 어디에나 있다.
세상 가득이 있다.

내 마음의 사랑
세상 가득이 가득이
있다면 좋겠다.

솔바위, 82세

사랑

사랑 참 어렵고 힘든 말이다
시를 배우러 왔는데 사랑을 쓰라고 하니 막막하다

내가 해본 사랑은 선인장이다
꽃이 예뻐서 화분을 하나 사 왔는데
그 꽃이 피기도 전에 다 떨어져 버렸다

그런데 올해
꽃이 너무 예쁘게 피었다

사랑해

누구한테도 못 준 사랑 다 줄게
내년에 또 활짝 핀 꽃으로 남아

사랑해

너하고 대화하면 기분 좋아진다

파도시집선 010

사랑

초판 1쇄 발행 2022년 12월 22일 동짓날
　　5쇄 발행 2025년 5월 26일

지 은 이 | 김순임 외 72명
펴 낸 곳 | 파도
편　　집 | 길보배
등록번호 | 제 2020-000013호
주　　소 | 서울시 서대문구 증가로 17길 38
전자우편 | seeyoursea@naver.com
I S B N | 979-11-980233-4-6 (03810)

값 10,000원

ⓒ 파도, 2022. Printed in seoul, korea.

* 이 책의 판권은 지은이와 파도에게 있습니다. 양측의 서면 동의 없는 무단 전재 및 복제를 금합니다.
* 맞춤법과 띄어쓰기는 원본에서 기인하였습니다.
* 파도시집선 참여 작가들의 인세는 매년 기부됩니다.
* 이 책은 선향지역아동센터, 서대문노인종합복지관, 익명의 아동발달센터와 함께 하였습니다.